太好玩了！
我们的
写作课

来到
创意世界

何捷 主编

殷霞 张红萍 著

中国致公出版社

主　编　何　捷

副主编　黄　莺

编　委　殷　霞　张红萍　邱雨林

　　　　刘　露　林　威　杨清蓉

太好玩了，我们的写作课

何捷

太好玩了，我们的写作课！

看到这一标题，小伙伴们会认同吗？也许不少小伙伴会皱着眉头直摇头，还认真地询问：写作课，好玩吗？

看起来，之前的写作课，不大好玩。

写作课上，总是写、写、写，一直写，没完没了。

写作课上，老师总是讲、讲、讲，一直讲，什么都交代。千万不要以为这样就是最好的结局，因为讲完就要写，一写就感觉非常枯燥。

其实，我知道小伙伴们最想吐槽的是——老师讲得不错，但是讲了我也不会写。

看来，写作课，确实是让人头疼的课。

而我要和大家分享的是——太好玩了，我们的写作课！

好玩，关键在于小伙伴们用这套书，一起来学习写作。跟着这套书，上一次生动的写作课。

为什么呢？理由有三条：

第1条理由：这本书里，有非常有趣的漫画。我知道小伙伴们喜欢看漫画。大家无法拒绝的是漫画中的"幽默细胞"对自己的"入侵"。而如今，可以一边读漫画，一边在欢笑声中学习写作，当然是绝佳的体验。

看了，你就知道；看了，你就喜欢。你会因为喜欢漫画，慢慢喜欢写作课的。

第2条理由：这套书为你拆解了写作的过程，揭示了写作的秘密。文章到底是怎么写成的？一句一句怎么串联？一段一段怎么组合？在这本书中，你会看得清清楚楚。

就好像"庖丁解牛"，厉害的人，一眼就能看清牛的骨骼；会写作的你，应该一下子就知道从哪里下笔，写起来轻松、畅快。学会这套书里的写作技巧，你就是最棒的"作文大厨"啦。

第3条理由：这套书里，有特别幽默、风趣的文字。创作这套书的老师们都知道小伙伴们怕写作，所以想办法，尽量用生动的语言来表达写作技巧。这样一来，大家在阅读的时候就不会感觉生涩，不会产生烦恼。也许，你会感觉自己一下子变得特别厉害：一读就懂，一懂就能写，一写就喜欢。

这个时候，你会在心里欢呼——

太好玩了，我们的写作课！

但愿这套书，成为小伙伴们打开写作秘密的钥匙，成为走进写作之门的指南针。

记住啦，如果看了后，感觉好玩一定要大声欢呼——

太好玩了，我们的写作课！

扫码获取本书
专属思维导图

不马虎

写作小分队头号侦察兵——不马虎来报到啦！人如其名，我最大的特点就是太马虎，但我也有很多其他的特点，比如勇往直前、不怕困难，还有灵光乍现的小机智！

麦田儿

写作小分队怎么能少得了我呢？我就是上得老师们认可、下得师弟师妹们喜爱的麦田儿！我喜欢读书，遇事冷静，再大的困难我都不怕！快来和我们一起开启这趟写作之旅吧！

壮壮老师

有人说："读万卷书不如行万里路。"但要壮壮老师我来说，书籍和远方可以一起在路上。郁郁葱葱的植物王国、生机勃勃的动物王国、充满爱与想象的童话王国……上天入地，万事万物都是我们的写作源泉！更有我的独门秘籍"作文三招"，你们只管放心去飞吧！

太搞笑的漫画故事！

壮壮老师带你走进"作文魔法界"，与麦田儿、不马虎一起行侠仗义，惩恶扬善！

好刺激的创作冒险！

跟着壮壮老师一行在旅途中，通过打败魔怪，学会各种写作秘籍。在这里，你将发现写作的密码、表达的快乐！

玩中学的技巧点拨！

从习作出发，进行写作思维的发散，提炼出最精练的写作方法。

了不起的写作升级！

举一反三的创作技巧，融会贯通的范文运用，让表达更准确，写作更轻松。

来到创意世界

你写的是谁

　　壮壮老师带着麦田儿和不马虎来到一家神秘的店铺，谁知
道在这里买东西不用花钱，但是要写谜语，并且要让店主猜出
来写的是谁。这可麻烦了，让我们来看看他们要怎么写吧！

3

抓特点，出谜语

写人的谜语要怎么写啊？不都是一个鼻子两个眼睛？

如果你不写出人物特征，那店主肯定猜不到是谁。

没错，出谜时要抓住人物的特点写清楚，就能让人猜出答案了。

这么简单？那我写那个店主吧。

最好写自己很熟悉的人，知道他有哪些特别的地方，才能写出特点。

全真剑法，三招显形

全真剑法第一招：

选择多方面的特点

要让别人猜出你写的是谁，在选择写作对象时，可以想想身边哪些人在外貌、性格、品质、特长等方面具有哪些与众不同的特点。

看看以下几个人物的写法，想一想，哪些方面才算是与众不同的呢？

人物一：

关键词1：
考试总是漏题

关键词2：
头发又黑又硬

关键词3：
擅长踢足球

就是他了！

人物二：

关键词：
头发很长

妈妈的头发长

姐姐的头发也很长

人物三：

关键词：
外貌一般

外貌一般？一般是哪般？

如果描写抓不住特点，大家读完也不知道人物具体是什么模样。

全真剑法第二招：

描绘与众不同的真样子

选择好了与众不同的方面，要怎样才能抓住这些特点放大描写呢？看看下面这篇外貌描写的习作，是从哪个方面描绘同学的？

他个子高高的，皮肤黑亮亮的，一双眼睛大大的，好似一对铜铃。每当他看着我的时候，我总觉得他的眼光凶巴巴的，让我十分害怕。但是，他又喜欢傻笑，他一笑，就会露出两排洁白的牙齿，样子憨憨的，十分搞笑，我们每次一听到他呵呵的傻笑声总会哄堂大笑起来。

全真剑法第三招：

增添众所周知的真例子

在习作中添上这位同学的典型事例，会让猜谜游戏更加有趣。

他关心班里的每个人。有一次我数学没考好，心情不好，他主动来安慰我，还送给我一盒酸奶……

猜猜他是谁

周飞扬

他是一个活泼可爱的小男孩，留着一头短短的乌黑锃亮的头发，两道剑眉下有一双水汪汪的眼睛，闪着智慧的光芒。黑里透红的脸蛋上隐约有两个小酒窝，他一笑起来，那两颗特大号的门牙就出来亮相了。

他特别淘气。上课时，他喜欢大吼大叫，下课了，他还喜欢追逐打闹。做早操时，他也不守纪律，上蹿下跳，我提醒他好几次他都不听。有一次上音乐课，我们唱着歌，突然听到"啪啪啪"的声音，转头一看，他的双手在空中挥舞着，还啪嗒啪嗒直拍掌，根本不在乎大家正在上课。老师问他在干什么，他振振有词地说："我在打蚊子。"老师说："上课不能打蚊子。"他眼睛一斜，满不在乎地狡辩："它咬我，我不打它，它又要咬我。"

他爱踢足球，每天都穿着绿色的足球服，一下课，他就和同学一起踢足球。上学期足球联赛，他在赛场上就像一头野牛，带球直冲对方球门，一个猛踢，球就进了。一场比赛，他一个人就踢进了三个球。

你猜出他是谁了吗？

9

本关告示

任务 修炼"雁过留声"内功心法。

任务地点 失忆城。

任务对象 失忆城居民。

任务说明 运用"雁过留声"心法写好日记找回记忆，方可过城。

　　壮壮老师一行三人来到了失忆城。这里的孩子都失去了记忆，壮壮老师要通过写日记来帮助他们找回记忆，那么写日记要注意什么呢？我们一起来看看吧！

师徒小策略

天下事，事事可记

师父，什么叫日记呀？

日记日记，每日一记。你看到的，听到的，想到的……发生在自己或别人身上的事，只要你觉得有意义，都可以记下来。

那天天都要写吗？写了那么多，以后翻看都不知道是什么时候写的。

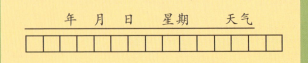

年　月　日　星期　　天气

日记有着特定的格式，写上这些，能够帮助大家清楚地回忆往事。所以，你可以在日记里标注：昨天，发生了一件令人高兴的事。

失忆河

13

雁过留声，记录生活

雁过留声第一招：

写清要素

课本里的写作密码

写日记是为了珍藏一份记忆，要在日记第一行写出日期、星期几、天气情况等。

在日记的正文部分，我们可以记下事情发生的地点、参与的人物，以及事情起因、经过、结果。这样，翻看日记时，我们才能清楚地回忆起发生过的事情。

8月20日 星期一 晴

早上起床时，我发现那颗松动的牙齿更松了。我想把它摇掉，可是左摇右摇，牙齿就是不掉。唉！怎么办呢？这颗摇摇欲坠的牙齿让我感觉很难受。晚饭前，我忍不住又去晃动它，晃了几下，啊，终于掉了！

妈妈把我的这颗牙齿洗干净，收起来了。

瞧，日记的格式很特殊，写上日期，记下天气，还可以"点缀"上当时的心情。

雁过留声第二招：

写出心情

日记，很多时候是写给自己看的。写出事情经过的同时，还可以写出事情发生时的心情。在日记里表达快乐，能让快乐延续更久；而在日记里倾吐苦闷、难受、伤心，也有助于调节心情。

2022 年 1 月 1 日　星期六　　晴

新年第一天，爸爸妈妈突然被叫去出差了，没有来得及通知爷爷奶奶来家里照顾我，我只能一个人待在家里。

我还是第一次单独在家，感觉好孤独、好害怕。

雁过留声第三招：

邀请客人

日记虽然是写给自己看的，但如果日记里仅仅记录自己一个人，未免太孤独。不妨经常请父母、朋友、同学，甚至书本上、动画片中的人物到自己的日记里做客，会让日记内容更丰富，也更有写日记的动力。

2022 年 1 月 8 日　星期六　晴

今天，我和妹妹去康体中心的恒温游泳池游泳。

我像鱼儿一样在水里游得自由自在。

妹妹也想和我一样成为水里的小精灵，她鼓起勇气戴着游泳圈，学

着我的样子在水里游，就像一只小鸭子。

和妹妹一起游泳真高兴！

日 记 一 则

罗皓然

2月1日　星期二　晴

今天数学考试，我对此颇有信心，目标是100分。

老师一边发试卷，一边提醒我们这次考试难度不小，我开始紧张起来，我能得100分吗？一看到题，我放松了一些。这些题很多都非常简单，我信心满满地准备答题。

我迅速解决了前三道大题，就在这时，我发现了一道关于行程问题的难题。这道题就像大山一样挡在我面前，我快乐的心情消失了，取而代之的是不知所措。

我非常担心地拿来草稿纸演算，可算了好几次，结果都不一样，这可把我急坏了。我又不死心地演算了几遍，可是结果还是不一样，我的心"怦怦怦"越跳越快。怎么办？这道题要是算不对，那我就达不到自己的目标了。

算了，还是先把后面的题做了吧，我冷静下来。等到后面的题做完后，我不知怎么的灵光一闪，想到了这道题的解法。我欣喜若狂，奋笔疾书。就在考试即将结束时，我作答完毕。

这次考试就这样结束了。你知道我最终考了多少分吗？考了98分，还不错吧，虽然没能达到目标，但比预想的要好。所以，以后遇到这种情况，一定要冷静下来，不慌张，才能思考出正确的解题方法。

我的童话世界

任务 创编童话。

任务地点 童话王国。

任务对象 童话王国国王。

任务说明 创编童话，让童话王国的动植物恢复生机，拯救童话王国。

　　童话世界总是充满了各种各样的想象，神奇有趣。但是有一天，童话王国再也没有新的想象了，这可把童话王国的国王急坏了。让我们看看壮壮老师他们是怎么创编童话，让童话王国重现生机的吧！

没有创意的童话王国

编童话，儿童是专家

童话我读过不少，但是创编童话，该从哪里编起呢？

别着急，大家先想想童话有什么特点，和你读过的其他文章有什么不同？

哈！我知道了，童话故事里的动物、植物、物品都可以像人一样说话，拥有人的思想感情。

童话故事的内容新奇有趣，很吸引人。

童话最大的特点就是充满了天马行空的想象，内容十分有趣，语言通俗生动，很适合儿童阅读。你们就是儿童，创编童话故事，你们本身就是专家。

脑洞大开，创意无限

脑洞大开第一招：

自由组合定乾坤

　　童话故事中的角色可以是一个或多个，还可以根据故事需要添加自己喜欢的角色，记得给你喜欢的角色取个可爱的名字。

　　黄昏时分，森林超市里十分热闹，你以为大家都在买东西吗？

我觉得啄木鸟啄树干是对我的家图谋不轨。

猫头鹰波波

或许他是在找食物呢？

兔子长耳朵

啄木鸟叮叮，你觉得呢？

脑洞大开第二招:

故事发展有技巧

好故事一定要有"事故",我们可以借助下面的表格帮助构思童话情节。

角色		故事中的角色有何特点	
时间		故事为何发生在这个时间	
地点		故事为何发生在这个地点	
他们遇到了什么困难			
他们怎样克服困难的			
结果怎么样			

你还记得课文《在牛肚子里旅行》吗?

文中的两个主角——小蟋蟀"青头"和"红头"在玩捉迷藏。"红头"悄悄地躲在一个草堆里默不作声,正在这时,一头大黄牛从"红头"后面慢慢走过来。"红头"做梦也没有想到,大黄牛突然低下头去吃草。可怜的"红头"还没来得及跳开,就和草一起被大黄牛吃到嘴里去了。

"救命啊! 救命啊! ""红头"拼命叫起来!

这困难可真够吓人的,我都替"红头"捏了一把汗。

有困难,才有波折,故事才吸引人。

脑洞大开第三招：

美好结局正能量

　　童话之所以受人喜爱，是因为故事的结局往往很美好，主人公们或获得成功，或过上幸福生活，让读者充满希望，给人美的享受。

　　关键词：玫瑰花　小猫　生病

神奇的玫瑰花

　　小猫咪咪坐在玫瑰花旁号啕大哭。

　　玫瑰花忙问："咪咪，你为何伤心？"

　　咪咪边哭边说："呜呜……我的爸爸一病不起，医生说他活不长了。"

　　玫瑰花安慰他说："咪咪，别哭了，只要你摘下我的一片花瓣给你的爸爸闻一闻，他的病就会好的。"

　　咪咪半信半疑地摘下一片花瓣带回家给爸爸闻了闻，神奇的事情发生了，爸爸的病竟然好了。

　　玫瑰花开心地笑了，她又做了一件好事。

这个故事真圆满呀！我不马虎，永远喜欢童话故事！

公主与玫瑰

杨怀霜

冬天的黄昏，小公主在森林里迷路了，她又冷又饿。一只啄木鸟飞过来，对她说："前面有一个森林超市，如果你有钱的话，可以去买一些吃的。"善良的小公主谢过了啄木鸟继续往前走去。

小公主走着走着就到了森林超市。她走进超市，看到一株美丽的红玫瑰种在花盆里。小公主喜欢上了那株红玫瑰，就往红玫瑰那儿走去。红玫瑰说话了："好心的小公主，我好冷呀。你能把我带回家吗？我会报答你的。"可是小公主的钱只够买一样东西，也就是说买了玫瑰，就买不了食物，买了食物，就买不了玫瑰。不过善良的小公主宁愿自己饿着肚子，还是把玫瑰买了下来。

玫瑰感受到了爱心，忽然变成了一位漂亮的玫瑰仙子。玫瑰仙子对小公主说："谢谢你救了我！其实，我是被巫婆变成玫瑰的，我需要爱心的温暖才能变回仙子。"

玫瑰仙子送给了小公主一片玫瑰花瓣，对她说："这片花瓣送给你，你只要念这个咒语'小花瓣呀飘啊飘，实现我的愿望吧'就可以实现自己的愿望了。"玫瑰仙子还给了她一些食物。

小公主拿着花瓣念起了咒语，花瓣瞬间变成了一对散发着玫瑰香味的翅膀飞到了小公主背上。小公主一边向自己的王宫飞去，一边向玫瑰仙子道谢。玫瑰仙子说："不客气，你用爱心温暖了我，我也用爱心回报你。"

故事发展由你定

任务 续写故事，驱散迷雾。

任务地点 迷雾学校。

任务对象 迷雾怪。

任务说明 为迷雾怪续写令他满意的故事结局，驱散校园内的迷雾并获得一本《乾坤大挪移》秘籍 。

　　这一日，不马虎和麦田儿回到了熟悉的校园，看到教室里几个同学正神秘兮兮地讨论着什么。奇怪的事情发生了，一阵大雾袭来，瞬间笼罩了校园，大家都分不清东南西北……

先做准备，再编故事

刚刚编完童话，这一关又是编故事，这可难不倒我。

不马虎，这次的任务可不一样，它不仅是编故事，还需要先弄清楚故事的前半段，才能接着续写故事。

差之毫厘，失之千里哦！作文审题可得多留心。观察也是一项技能，先按顺序整理内容，再结合对话想一想他们讲了一件什么事，就能找到续写的方向。

师父，刚才那三个人物只提到一个名字，这信息量有点少啊，巧妇还难为无米之炊呢。

他们还提到了关键词"过生日"。不马虎，该你上场了！

29

乾坤挪移，合理预测

乾坤挪移第一招：

读懂图画，推想合情理

　　既然是续写故事，就要读懂图上的故事，弄清故事的起因，让续写有依据、合情理。我们先来做点准备工作吧！先把图片上的情景写下来。

我上个星期过九岁生日，妈妈给我买了一个很大的生日蛋糕……

我也刚刚过了九岁生日，生日那天是我们全家人一起过的。

　　这天课间，同学们聚在一起，开心地谈论着自己过生日的情景。小丽说："我上个星期过九岁生日，妈妈给我买了一个很大的生日蛋糕。"同桌王刚也骄傲地说道："我也刚刚过了九岁生日，生日那天是我们全家人一起过的。"同学们都向他俩投去美慕的眼光，站在边上的李晓明默默地回到座位上，忧伤地望着窗外，心里想："我也快要过生日了，但是爸爸妈妈都在外地工作……"看到李晓明愁眉苦脸的样子，王刚对小丽说："李晓明的爸爸妈妈在外地工作，我们可以……"

乾坤挪移第二招：

看清细节，推想有依据

　　看清人物的表情、动作等细节，抓住人物语言等关键细节。根据关键细节，合理推想李晓明生日那天，同学们会准备些什么？会做些什么？

李晓明的爸爸妈妈在外地工作，我们可以……

我也快过生日了，但是爸爸妈妈都在外地工作。

注意图中画横线的语句，从中你能推测出什么呢？

我从"妈妈给我买了一个很大的生日蛋糕"推测出，李晓明过生日时，同学们会给他准备生日蛋糕。

不错呀，不马虎，真是看得仔细、想得合理呀！

乾坤挪移第三招：

联系生活，推想多元化

　　生日当天的场景会怎样呢？假如你是李晓明的同学，你会为他做些什么呢？结合自己的生日经验想一想，哪次生日最令你难忘？你也想给李晓明过这样的生日？可以进行多种预测，填写预测表格，再把这些内容结合起来，就可以续写一个有趣的故事了。

特别的地点	特别的布置	特别的参加者	特别的礼物

特别的爱，给特别的你！

续写的重点不是要多有创意，而是事情的连续性。这就需要你们平时多多关注生活细节哦！

快乐的生日

张仪

下课时，同学们都围在班长王小丽和她的同桌陈明旁边。原来，他们在讨论自己的生日。王小丽说："我上个星期过九岁生日，妈妈给我买了一个很大的蛋糕。""我生日那天是我们全家人一起过的。"陈明说。大家争先恐后地分享着自己的生日，只有李晓明站在一边，默默地看着大家。

上课了。课上李晓明心不在焉的，他的样子被班长王小丽看到了。下课后，她悄悄对陈明说："李晓明快过生日了，他的爸爸妈妈在外地工作，我们可以……"听了这话，陈明连连点头。

放学后，他们就开始策划了。王小丽说："我们一起给李晓明过个热闹的生日好吗？"大家听了连连点头。陈明兴奋地说："礼物就送他一个可视频通话的机器人，还能陪伴玩耍，惊喜就是和爸妈通话，还有特大号的五层蛋糕，怎样？"王小丽说："OK！"

这个星期六，李晓明听见门铃忽然响了，他疑惑着把门打开。

"生日快乐！"全班同学喊道。陈明推出一个特大号的五层蛋糕，李晓明激动地说："谢谢你们！"只见一个机器人摇摇晃晃地走了出来，它胸前的屏幕上出现了……"爸爸妈妈！"李晓明兴奋地叫了起来！

"宝贝，祝你生日快乐！"屏幕上爸爸妈妈微笑着说。

这真是最快乐的生日！有温暖，有快乐，还有陪伴！

缤纷的世界

这一天，壮壮老师、麦田儿和不马虎走在魔法城的公园里，竟然遇到了神笔马良，什么都会画的神笔马良遇到了难题，向他们求助，想要他们描绘出火龙果的样子。你知道要怎么表达，才能让马良画出火龙果吗？

35

五觉联动，发现世界

五觉联动，岂不是视觉、听觉、味觉、嗅觉、触觉都用上了？那我忙得过来吗？

不是一次性注意五个方面，而是让你细致地从这五个方面观察。我们身处五彩缤纷的世界，只要仔细观察，每天都能有新的发现。

师父，我觉得观察的时候不仅要关注细节，还要注意观察顺序。

观察是写作的前提，观察细致写作就成功了一半。当然，观察之后，能按一定顺序描述出来也非常重要。

37

细致观察，妙笔生花

细致观察第一招：

多个角度，多个方面

　　观察事物贵在仔细。如何才能观察仔细呢？我们可以从事物的不同方面、不同角度来观察。

　　比如观察眼睛，首先可以从不同方面：眼睑、睫毛、眼仁、瞳孔等方面观察；接着可以从每个方面的不同角度：形状、大小、颜色等进行观察。

　　看看下面六双眼睛有什么不同？

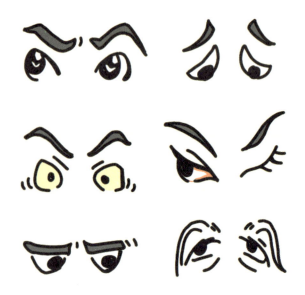

细致观察第二招:

五觉联动, 多感官观察

除了从多个角度细致观察,我们还应该调遣五觉联动帮助我们观察,五觉联动指的是从视觉、嗅觉、味觉、听觉、触觉方面观察。例如课文《我爱故乡的杨梅》中就调遣了五觉,动用多种感官进行观察,所以观察得就更全面,细致了。

杨梅圆圆的,和桂圆一样大小,遍身生着小刺。等杨梅渐渐长熟,刺也渐渐软了,平了。摘一个放进嘴里,舌尖触到杨梅那平滑的刺,是那样细腻而柔软。

杨梅先是淡红的,随后变成深红,最后几乎变成黑的了。它不是真的变黑,而是因为太红了,看上去像黑的。你轻轻咬开它,就可以看见那新鲜红嫩的果肉,嘴唇上舌头上同时染满了鲜红的汁水。

——节选自王鲁彦《我爱故乡的杨梅》

这两段话中,作者先通过触觉感受了杨梅果质感的变化,再通过视觉写了杨梅颜色的变化。

运用多种感官,观察到的内容更丰富,自然能介绍得更具体。

细致观察第三招：
展开联想，运用想象

观察不但要用眼看，用手摸，用嘴尝……还要用心去感受，展开联想，合理想象。比如下面的习作，描写了橘子的味道，并展开了联想，用熟悉的事物去比拟，不就把诱人的气味写得更形象生动了吗？

剥开橘子，鼻子大将也来凑热闹了。一股淡淡的清香弥漫开来，里面还夹杂着一丝淡淡的薄荷的苦味。这滋味，像早晨推开窗户，扑面而来的青草香；又像漫步在雨后的森林，让人神清气爽。

好香的橘子啊，让橘子再飞一会儿！

气泡小精灵

王晰平

今天，黄老师带来两瓶雪碧。雪碧的大小和大哑铃差不多，大约有 2.5 千克重，双手拎一拎，就像在举重一样。

"雪碧先生"头顶戴着黄色的礼帽，身上穿着碧绿的衣裳，上面还有黄色和白色的勋章，腿上还穿着一条牛仔裤，底部几个凸起的地方是他的靴子，看上去帅气极了。

这时，黄老师使劲摇了摇瓶子，轻轻一拧瓶盖，"嘶——"的一声，瓶口发出了细微但清晰的声音，好像气球漏了气一样，又像青菜下热锅炒的声音，真有趣！

当黄老师把雪碧倒入杯中的时候，我看见汽水好像尼亚加拉大瀑布似的直冲下来。同时，许多小气泡从杯底冲上来，就像一个个魔术师一样，啪的一声，气泡小精灵不见了，好像在跟我玩捉迷藏。

我凑近杯口，深深地吸了一口气。哇！柠檬的清香刺激了我的味蕾，好想喝啊！

我赶忙喝了一口汽水含在口中，好像有许多穿着钉鞋的小精灵在我的舌头上跳踢踏舞！也像一个小刺猬在嘴里打滚，又刺又麻。

这次细品慢尝，让我发现凡事用心去体会，就能得到许多乐趣。喝汽水如此，做其他的事也应该是这样吧！细致观察乐趣可真多！

美景无处不在

···本关告示···

任务 找到三颗神树宝石。

任务地点 蓝山湖公园。

任务对象 蓝山神树。

任务说明 蓝山神树上的红、蓝、绿三颗宝石不翼而飞，将它们找回来，帮助公园恢复往日生机。

蓝山湖公园是一个充满魅力的地方。壮壮老师带不马虎和麦田儿来到这里，却被眼前荒凉破败的景象吓了一大跳。快来看看他们如何让公园恢复往日生机的。

43

带着目的，才有发现

师父，蓝山湖公园原来多美，我们一定尽力寻找宝石，恢复这番美景！但蓝山湖那么大，也不知道该从哪里开始寻找神树宝石呢。

我觉得蓝山湖不仅大，湖边和湖面的风景也不错，湖边是藏宝的地方吧！

还是麦田儿会观察，能找到蓝山湖美景的特点，那我们就从最有代表性的地点着手吧！

如此说来，在公园里多看看玉兰花树，在湖边就多看看美丽的湖水。

带着目的去寻找与观察，用欣赏的眼光看待公园里的一切景致，我想你们一定能有发现与收获。

飞星逐月，万象回春

红宝石破解法：

围绕中心，选取多种景物

课本里的写作密码

围绕中心写文章，就是要在文章或段落的开头使用一个高度概括的中心句，然后按一定顺序展开描述。这样的写法能让你写文章时不会偏离主线，紧紧围绕这处景物的特点有序展开描写。读者也会更加直接地了解到你的写作意图。

小城的公园更美。这里栽着许许多多榕树。一棵棵榕树就像一顶顶撑开的绿绒大伞，树叶密不透风，可以遮太阳，挡风雨。树下摆着石凳，每逢休息的日子，石凳上总是坐满了人。

——节选自林遐《海滨小城》

先用一句话总结特点，再从不同方面来表现特点。你是不是就明白作者要表达的意图了？

哈哈，我发现了，他想表达"小城的公园更美"，机智如我！

蓝宝石破解法：

有序安排，写出景物变化

按不同的方位或时间顺序进行描写会更加具体。

起床的太阳

中午的太阳

热天池塘边

冷天的路口

　　离我家不远处，有一个荷花塘。雨天的荷花塘格外美丽。下雨了，雨点打在荷叶上，雨点犹如一颗颗晶莹剔透的珍珠，盛放在荷叶盘里；雨点儿落在荷花瓣上，仿佛给荷花点缀上了一颗颗钻石。

　　雨过天晴，天边出现了一道彩虹，荷花塘呈现出另一番景色。太阳照在荷花上，花瓣显得分外鲜艳美丽。一阵风吹来，荷叶东倒西歪，荷叶上的小水珠也像坐滑滑梯一样，纷纷滑落下来。

绿宝石破解法：

妙用修辞，多角度写景物

要使描写的景物给读者留下深刻印象，使读者感受到景物的美，我们可以借鉴平时积累的好词佳句，巧妙而恰当地运用比喻、拟人、排比等修辞手法，让我们的文章更加生动，增添美感。

在棕榈树的前面是两丛天堂鸟花，这种花红色的部分像鸟的头与嘴，在红色上方有黄黄的"羽毛"，像一顶皇冠。旁边有蓝色的"羽毛"，像镶嵌在皇冠周围的蓝色钻石。有的天堂鸟花弯着枝干，像在打鼓；有的直立着，像在吹笛子；有的像人在拉二胡——它们正在演奏自己创作的"神鸟曲"。

"飞星逐月，围绕中心"的宝石破解法——中心句、抓特点、用修辞，记住了吗？

唉，一学就会，一写就废。且待我写一篇蓝山湖公园的游记让壮壮老师您先看看！

美丽的蓝山湖公园

王晰平

蓝山湖公园十分美丽，这里有蓝山湖、玉兰苑和长堤。

蓝山湖湖畔的景色非常优美。湖面十分广阔，湖的东、西两面有两排树木，绕着湖面，仿佛是两条保护湖水的手臂。一阵微风掠过湖面，湖水泛起层层波纹，在阳光的照耀下闪闪发光，好像湖水中落下了许多闪闪发光的小星星。湖水清澈透亮，能看到湖底随波摇曳的水草，还有一些瓜子大小的黑色小鱼，在水草中游来游去。

玉兰苑位于蓝山湖边的小斜坡上。这里种植了很多玉兰树，春天，玉兰花就逐渐开放了，白色的花朵绽放在枝头。

长堤是沿着蓝山湖的一条堤坝。长堤上种了很多树，最多的就是滇朴树。滇朴树的叶子在冬天就会变黄，地面上还有很多掉落的黄叶，仿佛给地面铺上了一块黄色地毯。西伯利亚飞来的海鸥十分喜欢来这里，它们有时候在水面上游水捕食，有时候在湖边的树上休息。人们喜欢在长堤上喂海鸥，有的人把鸥粮撒到地上，看着海鸥啄食；也有的人把鸥粮高高抛起，看海鸥在空中争抢。

蓝山湖公园真是一个美丽的地方！

亮出我的想法

    壮壮老师一行人来到了不清不楚洞，遇到了让人无法表达清楚的不清不楚兽。为了清楚表达自己的想法，壮壮老师会使出什么绝招呢？

表达想法，要有针对

　　表达想法还不简单。我每天的想法可多了！我想不上学，我想不做作业，我想看电视……

　　不马虎，这种不可能实现的不能算是想法哦！

　　表达想法看似简单，但要针对生活中存在的问题进行思考，可不是胡思乱想。

　　我想到了，我知道有一个慈善家，一次性捐了几千万，用于修建希望小学，如果大家都力所能及地回馈社会，多让人温暖啊！

　　不马虎，你的想法很好，但最好从身边的事情入手，贴近生活。

53

连环三剑，直击想法

连环三剑第一招：

举例子

面对大千世界，如果留心观察，我们会产生许许多多的想法。那么我们要怎么写出自己的想法呢？我们可以通过举例子来让别人理解你的想法，比如生活中有人不关水龙头，这个是现象，那么我们把某天一位同学没有关水龙头的现象写下来，这就叫"例子"。我们在作文中可以举一个或多个同类例子，将事情表达清楚。

我们来到一个街口，一眨眼的工夫，红绿灯一闪，正好红灯了！**大家都停住了，可是仍有一辆电动车在向前奔驰。**突然，一辆湛蓝色的小汽车正转弯向它驶去，司机重重按着喇叭，刺耳的刹车声传入我的耳朵，可电动车已经"吭当"一声撞到了小汽车上。电动车倒在了地上，电动车上的人摔了个四脚朝天。

这种不遵守交通规则的事例读来也太让人痛心了！

所以，大家都要好好遵守交通规则，依法守法，珍惜生命，共同创建井然有序的社会交通环境！

连环三剑第二招：

亮想法

举例写出现象后，可以针对这个现象表达你的想法。我们可以在第一句就鲜明地亮出自己的观点，接着我们可以用商量的语气表达这种想法的好处，这样我们的观点就非常具有说服力，而且更容易让人接受。

课本中的习作范文就给我们做了很好的示范：

最近我一直在想，我们班能不能开辟一个植物角呢？我们可以在植物角养花种草，或是种花生、种豆子，还可以根据时节的变化更换不同的植物。我们可以轮流照看它们，给它们浇水、施肥。这样既可以使班里的同学了解不同植物的特点，还可以使大家亲近自然，为教室增添大自然的气息。

这个想法真不错！咱们班也开辟一处植物角吧！

当然可以！但你也得写一篇这样的习作交给我哦。

连环三剑第三招：

　　如果我们观察到的现象是不文明的行为，我们可以用上"如果（假如）……就……"这种句式，委婉提出改进意见，联系我们生活实际，写出具体的解决方案。如果是令人温暖的行为，我们则可以谈谈如何将这种做法发扬光大。可以用上"可以……可以……"的句式写出具体的行动措施。

　　提出具体的意见，可以帮助我们更清楚地表达想法。

　　经过我仔细观察，发现同学们之所以会在操场上横冲直撞，是因为没有丰富的课间活动。因此我有一个想法，如果能在学校操场上安装一些运动设施和器材，像乒乓球桌、羽毛球网等。在课间的时候，同学们就有了丰富的课间活动，就会减少一些危险游戏，同学们之间不仅增进了友谊，还锻炼了身体。学校还可以开放图书馆，让同学们课间自由阅读，这样也会大大提高同学们的阅读和写作能力，一举两得。

这个想法太棒了！

我有一个想法

陈莞祺

现在人们养成了不随地乱扔垃圾的好习惯，但是，很多人并没有分类扔垃圾。之前垃圾分类只分为两类，现在分为四类：可回收垃圾、厨余垃圾、有害垃圾、其他（干垃圾）。如果垃圾不进行分类的话，就会使很多可利用的资源流失，一些有害的垃圾也不能够得到充分的处理，比如废弃的电池里就含有汞、镉等有毒的物质，会对人类健康产生严重的危害；土壤中的废塑料会导致农作物减产；抛弃的废塑料被动物误食，导致动物死亡的事件时有发生。不进行垃圾分类还会导致一些地方对垃圾的处理不专业，将垃圾随意地焚烧、填埋。这对于水源以及空气质量都有很大影响。

我有一个想法：可以在每个分类垃圾桶上安装一个语音提示设备。当垃圾靠近它时，它就会自动检测垃圾是否属于该类，如果属于，设备会说："恭喜你，扔对了！"如果不属于，它就会响起警报，还会说："此垃圾不属于该类，请不要放入桶内。"

有了这样的设备，人们就不会扔错垃圾了。这样不仅会让人们的生活更加便捷，还可以保护地球环境。

现在科学技术的发展越来越迅猛，我相信不久的将来一定会发明出这样方便的设备，就让我们期待这一天的到来吧！

一次愉快的经历

···本关告示···

任务　通过快活谷。

任务地点　快活谷。

任务对象　快活谷的神兽。

任务说明　快活谷的神兽最近不太快活，十分凶残。需要投喂一篇快乐玩耍的作文，才能安抚神兽，顺利出谷。

　　穿过不清不楚洞，不马虎已经学会了如何清楚表达想法了。这次，他们误入了快活谷，只有告诉神兽你经历过的最开心的事情，才能过关。这次，不马虎能讲清楚吗？

58

59

写作文也是记忆重现

不就是写一件事情嘛！上次我和表哥一起玩掰手腕，结果他一下子就把我的手腕掰倒了，真难过！

不马虎，人家要写高兴的事情，表达快乐的心情，你怎么能写难过的事呢！

你平时不是最喜欢自拍，到哪里都要"咔嚓"纪念一下吗？来翻翻你的照片帮助你回忆。

还好我有记日记的习惯，瞧，我这有一堆快乐的事情可以写。

看来麦田儿把为师的话听进去了，百字作文可以练起来了。

碎片重组，轮回再现

碎片重组第一招：

回忆追问，写清过程

　　要想把一件件快乐事情的过程写清楚，就要回忆事情的经过，可以把事情的过程在脑子里像放电影一样重放一遍。在重放的时候运用 5W 构思法，追问自己以下 5 个问题。

时间（When）	例：暑假的一天
地点（Where）	例：动物园
人物（Who）	例：爸爸、妈妈和我
事件（What）	例：参观动物园，并和考拉合影
为什么（Why）	例：特别喜欢考拉

　　讲清以上几个问题，事情就讲明白了。

　　二年级上册学习的《难忘的泼水节》一课，就使用了 5W 构思法，把那天周总理和傣族人民一起欢度泼水节的欢乐情景记录下来，让人难忘。

时间（When）	1961 年的泼水节的早上
地点（Where）	傣族村落
人物（Who）	周总理和傣族人民
事件（What）	一起过泼水节：总理和傣族人民欢乐地泼水，互相祝福，一起跳舞
为什么（Why）	欢度傣族人民的节日

碎片重组第二招:

　　我们在描写玩乐的过程时，可以按照事情发展顺序来写，如果颠三倒四，杂糅成一团写，就会让人看不明白。用上关联词"先……然后……接着……"，帮助我们把玩乐过程的各个环节连贯起来。

　　游戏开始了，首先，我说了个成语"虎虎生威"。接着，表姐迅速说了一个"威震八方"。我一时想不到，急得像热锅上的蚂蚁。妈妈和姐姐一副看好戏的样子看着我，我不禁急中生智，大喊："方圆百里。"

63

碎片重组第三招：

多种方法，表达快乐

　　那么我们要怎么表达出当时的快乐呢？我们可以通过自己的心理活动来直接表达。当然，我们也可以通过描写周围的环境，其他人的心情、动作、反应，间接表达快乐。通过这些描写，让整件事情的过程更加具体。

　　为了欢迎周总理，一条条龙船驶过江面，人们在地上撒满了凤凰花的花瓣，一串串花炮升上天空好像铺上了鲜红的地毯。人们欢呼着："周总理来了！"

……………

　　清清的水，泼啊，洒啊！周总理和傣族人民笑啊，跳啊，是那么开心！

　　多么幸福啊，1961年的泼水节！

　　多么令人难忘啊，1961年的泼水节！

——节选自《难忘的泼水节》

向课文《难忘的泼水节》学习写快乐的心情。通过描写环境布置，以及周总理和傣族人民的动作与神态，快乐与热情便洋溢在字里行间了。

64

一次愉快的经历

赵语瞳

今天一大早，同学们就整齐地趴在窗边，不停地感叹着："哇，下雪了！我从没在成都见到过这么大的雪花……"

整个上午，同学们都心不在焉，不停地望向窗外飘落的雪花。这些都被老师看在眼里，她笑眯眯地对大家说："同学们，我们现在出去玩雪，怎么样？""太棒了，老师万岁！"同学们激动不已地喊了起来，个个手舞足蹈、欢呼雀跃，闪电般跑到了操场上。

刚到操场，我们就被眼前的景象惊呆了——只见大片大片的雪花飘落下来，像极了无数蒲公英宝宝激动地奔向妈妈的怀抱；又像一群婀娜多姿的小舞者，随着美妙的音乐翩翩起舞；更像无数美味香甜的棉花糖，我们都禁不住仰着头，张大了嘴。雪花纷纷落到我们的手上、衣服上、嘴里。

我将小雪花捧在手中。哇！好美的雪花，银白色的、亮晶晶的，如同水晶一般晶莹剔透，还有五六个花瓣呢。我忍不住舔了舔手中雪花，咦，冰冰凉凉的，还有点咸味，此刻心情也变得非常舒畅。

我们嬉戏打闹着，完全忘记了寒冷，老师给我们拍了许多照片，作为这场雪的留影，然后我们就心满意足地回了教室。这场雪是我出生以来见到的第一场雪，它带给了我无穷的遐想和快乐，真是一次愉快又难忘的经历。

我和植物做朋友

···**本关告示**···

任务 驱散迷雾。

任务地点 迷雾森林。

任务对象 红果子精灵。

任务说明 填写植物记录卡，寻求植物朋友的帮助，寻找出路。

　　这一日，壮壮老师三人穿过了一条长长的峡谷，在一片奇怪的森林里迷了路。只有找到了自己的植物朋友，他们才能在植物朋友的带领下穿过迷雾森林。

67

用 观 察 交 朋 友

壮壮老师，植物怎么当朋友啊？我该怎么去寻找呢？

来，让为师告诉你，朋友不仅可以是人，也可以是植物。

啊！我想到了，我家有一株昙花，有一天我为了观察它开花等到了晚上，我觉得它就是我的植物朋友。

植物记录卡		
照片	名称	
	形状	
	颜色	
	触感	
	气味	
	其他	

这个叫作植物记录卡，是不同植物的名片哦，上面有它的名称、样子、颜色等信息，别人一看到这张卡，就能了解它啦！除了用文字书写，你还可以画一画这株植物哦。

三环套月，多重感官

三环套月第一招：
写好植物记录卡

　　观察是写好作文的基础，想要写好一种植物，就要对这一种植物进行细致的观察，这样才能在作文中进行准确的描述。在观察的过程中，我们可以通过看一看、摸一摸、闻一闻等各种方式掌握植物的特征。

　　以观察仙人掌为例，大家可以根据下面的表格，通过观察制作自己的植物记录卡。

植物记录卡

	名称	仙人掌
	形状	形状像巴掌一样，没有叶子，有许多小刺
	颜色	浑身是绿色的，上面有许多白色的点
	触感	小刺十分锋利，容易扎手。没有刺的地方很光滑
	气味	没有气味
	其他	会开花，花的气味是清香带一点草香

三环套月第二招：

写出植物特点

在观察植物的过程中，我们会收集植物各种各样的信息，但是在写作过程中，如果将植物每一方面的信息都写下来，整篇作文就像是一篇科学报告，而不是一篇有趣的作文。

因此，在描写植物的时候，可以挑选出植物最具有特点的部分，如仙人掌的刺、梧桐树的叶子、向日葵的花盘等，进行重点描写，这样写出来的作文才能重点突出，内容有趣。

课文《荷花》就给我们做了很好的示范：

荷花已经开了不少了。荷叶挨挨挤挤的，像一个个碧绿的大圆盘。白荷花在这些大圆盘之间冒出来。有的才展开两三片花瓣儿。有的花瓣儿全展开了，露出嫩黄色的小莲蓬。有的还是花骨朵儿，看起来饱胀得马上要破裂似的。

——节选自叶圣陶《荷花》

叶圣陶爷爷在描写荷花的时候，就将荷花的外形作为重点进行描写了。

是呀，它外形的"中通外直，不蔓不枝"也是与它"出淤泥而不染，濯清涟而不妖"的内在品格相呼应。

三环套月第三招：

写出互动

　　只写出植物的特点还不够，既然是朋友，在写作的过程当中，就要把植物当作朋友的身份，写出自己与植物之间的互动。

　　在写互动的时候，可以想一想自己与植物之间发生过什么事情，然后将这件事情记录下来。

　　每次我有心事的时候，就会来到阳台上，和家里的水仙花说话，将自己的心事都告诉她。她会安安静静地听我说话，有时还会摆一摆叶子，仿佛在告诉我："别难过，我会认真地听你说的每一句话。"水仙花是我的好朋友，在水仙花的陪伴下，我的烦恼消除了，心情也愉悦了，这不正是好的友谊带来的吗？

我的植物朋友

刘俊汐

　　"好一朵美丽的茉莉花，好一朵美丽的茉莉花，芬芳美丽满枝丫……" 每当我唱起这首歌，就想起我家的茉莉花。它没有牡丹高贵，没有水仙高冷，但我最爱的就是茉莉花。

　　春天来了，茉莉长出新的枝叶。它的茎有小拇指般粗，用手轻轻一掐，小水珠就顺着茎滑了下来。茉莉的叶子是椭圆形的，可以清晰地看见几条细细的经脉，像纵横交错的小路。

　　四月底，茉莉的枝头变了样，我仔细一看，原来像米粒一样大小的花苞长出来了，开始是纯绿的，接着变成了淡绿，粒儿也丰满起来。最后花蕾全白了，花苞跟珍珠一样小巧精致。又过了几天，花儿全开放了。茉莉花不像牡丹一样完全舒展自己的花瓣供人欣赏，它的花瓣总是微向内收，小心翼翼地保护着花蕊。茉莉花真是一件精美的艺术品，雪白的花朵仿佛是手艺高超的工匠用上等的白玉雕成的。洁白的花散发出淡淡的清香，真让人心旷神怡。

　　花儿今天这几只开，明天那几只开，一年能开3次。所以，江苏民歌的歌词里有一句："好一朵茉莉花，满园花开比也比不过它。"

73

看图画，写故事

任务 打败白纸怪。

任务地点 绿草地。

任务对象 白纸怪。

任务说明 白纸怪吞噬了人类，要用作文打败他，救出被困的人。

这一日，天气晴朗，师徒三人来到了一片绿茵茵的草地，远处有几个人在放风筝。忽然，一张巨大的白纸从天上飘了过来，将地上的人连同周围的景色一起吃了下去，变成了一幅图画。快来看看壮壮老师怎么解救他们的吧。

75

边看边观察

壮壮老师，白纸怪把他们都变成了一幅图画，我们该怎么救他们啊？

不马虎，只要我们把图画中的内容写下来，就可以救他们了。

这个我会，一二年级一直都在看图写话，我提笔就能写，先写时间，再写人物、事件……

哎呀！不马虎，这可不像我们一二年级写的那么简单。

不马虎，可不能马虎地写哦。不仅要观察动作，还要想一想他们可能说的话，才能把看到的、想到的写清楚。

77

霹雳三掌，出神入"画"

霹雳三掌第一招：

写出环境

在看图画写故事时，首先要做的事情就是确定故事发生在什么地方。环境的描写对于看图画写故事来说非常重要，写出环境能够让读者在脑海中勾勒出画面。

在描写环境的时候，可以通过时间、天气、地点、周围的景物等角度，将画面描写出来。

今天是三月三日，风筝节，外面天气晴朗，阳光明媚，几朵棉花糖似的白云挂在蓝天上，一阵阵温暖的春风吹来，给小草都换上了绿衣裳，真是一个放风筝的好日子。小晶叫上了小壮和小欧一起出来玩，他们来到了公园的草地上，准备放风筝。

霹雳三掌第二招：

写出动作

看图画写故事中，除了有环境外，还会有一些人正在做什么事情，把他们的动作写下来，是十分重要的。在这一次的图画中，里面的人都在放风筝，但是具体的动作不一样，看图写话时应当把人物的动作写准确。

课文《鹿角和鹿腿》就给我们做了很好的示范：

鹿不敢犹豫，撒开长腿就跑。有力的长腿在灌木丛中蹦来跳去，不一会儿，就把凶猛的狮子远远地甩在了后面。就在狮子灰心丧气不想再追的时候，鹿的角却被树枝挂住了。狮子赶紧抓住这个机会，猛扑过来。眼看就要追上了，鹿用尽全身力气，使劲一扯，才把两只角从树枝中挣脱出来，然后又拼命向前奔去。这次，狮子再也没有追上。

——节选自伊索《鹿角和鹿腿》

这一段狮口逃生可太惊险了！光看文字，我的眼前仿佛就浮现出了画面。

友情提示：看文字时是可以呼吸的哦！哈哈哈！快拍拍胸口，不马虎！

霹雳三掌第三招：
写出想象

图画中人物接下来可能发生的事情，正在想什么、说什么，有什么心情，无法直接看见，但是通过想象，就能够将这些内容加入故事当中，让人物更加鲜活。

小梦看见了小泉的燕子风筝越飞越高，快要飞到了云朵上，<u>心里开始着急了，因为她的风筝还没有飞起来</u>，于是她对小欧说："你帮我抓住蝴蝶风筝好不好？"

小欧<u>笑着说</u>："好呀！"于是，他们一起放起来，有了小欧的帮忙，小梦的风筝一下子就飞了起来，不一会儿就追上了小泉的蝴蝶风筝。他们看着天上飞的风筝，可高兴了。

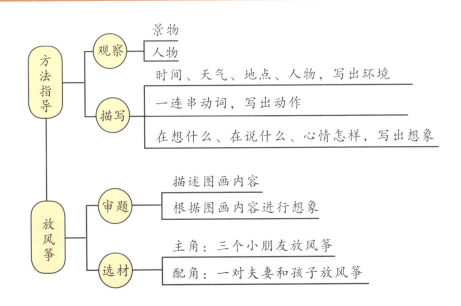

放风筝

张凌菡

　　"草长莺飞二月天，拂堤杨柳醉春烟。儿童散学归来早，忙趁东风放纸鸢。"春姑娘来了，万物复苏，柳树吐出嫩芽，花儿尽情盛开，到处生机勃勃。小朋友们借着春风，在碧蓝的天空下，快乐地奔跑在绿茵茵的草地上放风筝。

　　抬头望去，天空中已经有许多风筝了，这些风筝色彩斑斓，漂亮极了。有凶猛的老鹰，正要吃掉可爱的小金鱼，在一旁的蜈蚣看不下去了，赶紧过去拦住老鹰，小金鱼才得到自由。蓝天下，远处一家三口正在放风筝呢！孩子放起了飞机风筝，边跑边笑，爸爸妈妈不禁回忆起了自己的童年快乐时光。

　　小捷、小英和小军也来到草地上放风筝。小捷看到天空中飘荡的各种风筝不禁心生羡慕，对小军喊："小军，我们也赶紧行动吧！"小军爽快地答应了，他高高地把风筝举过头顶，小捷则一只手拿着线轴，另一只手拉着线，向前奔跑起来。随着小捷大叫一声："松手！"小军立马把风筝向前一抛，松开了手。小捷拿着线轴，边跑边放线，燕子风筝徐徐上升，美丽的小燕子宛如一位轻巧的小仙女，舒展着翅膀，在风中飘扬。这时，站在一旁观看的小英拍着手，高兴地欢呼起来："小捷，小军，你们真厉害，风筝上天啦！风筝上天啦！"

　　放风筝真快乐啊！

我是小小科学家

壮壮老师一行人来到了乌烟瘴气的实验王国，他们必须想办法找回实验秘籍，这样大家做实验才会有据可依，实验王国就能恢复原样。

83

亲自参与，认真感受

大家注意，要找回实验秘籍，需要完成一篇实验实操作文，首先我们得进行观察。

哈！观察，谁不会呀！不就是一边做实验，一边仔细看吗？实操作文就是把观察到的写出来，这还不简单？

不仅是写出来，还要将观察的内容、收获、过程写清楚。

怎样才算写清楚呢？

清楚，就是别人通过你的文字，就能知道当时经历的实验过程。这次实验需要你们亲自参与。这样，你们才会有一些自己的感受。

循序渐进，如影随形

循序渐进第一招：

用顺序词

俗话说"好记性不如烂笔头"。一边仔细观察，一边可以用"首先……接着……然后……最后……"这样表示先后顺序的词，将实验过程写清楚。

实验名称	力的吸引力
实验准备	两本页面重叠的书
实验过程	首先，一个人拔。 不马虎用九牛二虎之力将两本书往相反方向拉。 接着，两个人拔。 不马虎和另一个力气大的朋友，一人拉书的一边，用上吃奶的力气往不同方向拔。 然后，多人拔。 一群人拉着书，喊口号："一二三，用力拉。"
实验结果	书纹丝不动

86

循序渐进第二招：

写出变化

实验的过程中，产生的现象是在不断变化的，我们不仅要按顺序记录实验的过程，还要发现并写出实验过程中发生的细微变化。课文《花钟》就给我们做了很好的示范：

凌晨四点，牵牛花吹起了紫色的小喇叭；五点左右，艳丽的蔷薇绽开了笑脸；七点，睡莲从梦中醒来；中午十二点左右，午时花开放了；下午三点，万寿菊欣然怒放；下午五点，紫茉莉苏醒过来；月光花在七点左右舒展开自己的花瓣；夜来香在晚上八点开花；昙花却在九点左右含笑一现……

——节选自《花钟》

换我写，大概只有干巴巴的"开花了"三个字吧，这一课真是学到了！

不同的花，开放的过程各不相同，姿态万千。为了更好地描述，同学们一定要注意词汇的积累哦！

循序渐进第三招：

实验过程中，随着实验情况的变化，你会有各种不同的体验，其他人的动作、神态，也会让你产生各种不同的感受，写出这样的体验和感受，就会让读者仿佛来到了实验现场。

首先，我独自一人咬着牙，闭上眼睛，大声喊着"啊……"，费了九牛二虎之力将两本书朝两个不同的方向拉。结果，这两本书纹丝不动，依旧紧紧地"黏合"在一起。然后，我想到了我最要好的朋友，他可是班级里最有"分量"的一个男生了。我和他两个人身体向后倒，使劲往后拉，我们两个人的脸都涨得通红。我心想：这两本书是涂了胶水了吗？怎么都分不开呢？

吞鸡蛋的瓶子

李卓颖

　　今天，我在一本科学书上看到一项有趣的实验，书上说：将一个剥了壳的熟鸡蛋放在瓶口上面，你会发现，瓶子会慢慢地把鸡蛋"吞"进肚子中，我觉得很好奇，于是决定试一试。

　　我准备了实验需要的材料：一个剥了壳的熟鸡蛋，一个透明玻璃瓶，瓶口要比鸡蛋小一点，还有几条碎纸条、酒精、棉球、打火机、镊子等。

　　开始做实验了。首先，我用镊子夹起纸条放进瓶里，然后把酒精蘸在棉球上，接着用打火机点燃棉球，迅速用镊子把棉球丢进玻璃瓶中，火苗在玻璃瓶中跳着欢快的舞蹈。最后，我把剥了壳的熟鸡蛋小心翼翼地放在瓶口上，可是鸡蛋像一个顽皮的小孩，怎么也不肯落入瓶中。我正在想鸡蛋为什么还不落入瓶中，忽然，瓶子里的火熄灭了，我瞪大了眼睛，目不转睛地盯着鸡蛋，生怕眨一下眼睛就错过了精彩时刻。啊！鸡蛋开始下沉了一点儿！我激动地给鸡蛋倒计时："10、9、8……"砰的一声响，鸡蛋掉进了瓶子里，它真的被瓶子吞掉了！我猜想应该是燃烧的棉花产生热气使瓶口变大了，鸡蛋就掉进去了。

　　实验结束后，我上网查找了资料，才知道：火在瓶中燃烧时，瓶中的气体体积膨胀，等到冷却之后，瓶中的气体体积缩小了，外面的大气压就把鸡蛋挤进瓶中了。

想象的魔力

这一天，壮壮老师一行人来到了奇妙的想象世界。突然，奇妙的景象全都消失了。快来发挥你的想象，一起帮助壮壮老师恢复想象世界的原貌吧！

想象，让一切皆有可能

大胆想象就是随便怎么想吗？

大胆想象是不是可以创造出现实世界中不存在的事物和景象？

不是的，不马虎，你所编写的想象故事要让读者感到奇妙，这才是成功的想象，如果读者感到乱七八糟，这就是失败的想象。麦田儿真聪明！创造力才是想象的根本。

这个也太奇妙了吧。我就想好好地冬眠，躲进温暖的被窝里，不用上课，不用做作业，哈哈哈。

说不定在想象故事里，你就可以实现哟。想象世界，没有什么是不会发生的。

93

天马行空，大胆想象

天马行空第一招：

选定题目，亮出想象

在你的想象中，最奇妙之处是什么？我们可以先用一句话写出来，这样一开篇就能吸引读者的眼球。

我拥有一本有穿越魔法的书，他能带着读者穿越到任何一个书中描述的地方。当我打开这本魔法书，书里就会出现一匹独角兽，变身成我的坐骑，带我走进魔法的世界。

天马行空第二招：

添加神力，解决问题

在想象世界里，可以创造出现实中不存在的事物和景象，可以实现美好的愿望，拥有奇异的经历。当故事的主人公碰上各种难题，我们就可以让他富有神力，解决一切问题。课文《我变成了一棵树》就给我们做了很好的示范：

我真希望变成一棵树，这样就没人在你玩的时候叫你吃饭了。我心里想着，就觉得身上痒痒的，低头一看，发现许多小树枝正从我身上冒出来。呀，我真的变成了一棵树！

——节选自顾鹰《我变成了一棵树》

想象的世界中，我可以变成任何事物！

大胆想象的同时，也要注意各种事物的特征，所以同学们，平时要多留心观察身边的事物。

天马行空第三招：
自我代入，增强体验

想象故事中，你可以把自己也写进去，让自己跟随故事发展，为完成目标而努力，去扫除障碍，解决困难。第一人称能让读者跟随你一起紧张，一起快乐。

我这次看到了天上的月亮，又念起了咒语："叽里咕噜。"这次我没有一下子就到月亮上，而是书中的一颗小星星走了出来，和我一起手拉着手。忽然我慢慢变小变小再变小，成了一个和星星一样大的人。星星在我的背上插上了一对翅膀，我们一直飞一直飞，飞到了月亮上。

叽里咕噜，叽里咕噜……这咒语怎么不灵验了？我也想飞去月亮上看看。

No！此咒语仅限在想象王国有效哦！现在回归现实世界啦，不马虎！

五指争功

于世麟

夜幕悄悄降临，大地上一片寂静，黑漆漆的。正在睡觉的我突然被一阵吵闹声吵醒。啪的一声，灯忽然亮了，我定睛一看，是自己的五个手指正气鼓鼓地在吵架呢！

食指跳出来叫道："我的功劳最大！没了我，小主人的衣食住行，就不能自理了！比如小主人关灯时不都是用我吗？"

拇指推开食指，挺着肚子，盛气凌人地说道："我的功劳才最大！一个人表扬另一个人时不都竖起我吗！"

无名指把头一甩，对着大拇指说："你胡说！我的功劳才最大！以后小主人结婚时都要把戒指戴在我身上！"

中指跳出来，理直气壮地说："我的功劳最大！因为我是你们之中最高的。人们说的'高富帅'就是我呀！"

弱不禁风小指头，气得直跺脚。他怒气冲冲地说："我的功劳最大！小主人耳朵痒时不都用我掏的吗？"

原来，他们是在比谁的功劳最大。这时我忍不住说："这里有个蛋，谁能单独把蛋拿起来了，谁的功劳就最大！"

于是拇指推了推蛋没动，食指又推了推蛋，还是没动……最后五个指头兄弟紧紧握在一起，轻而易举就把鸡蛋拿了起来。

我对他们说："你们要团结一心，功劳才最大！"

五个指头兄弟你看看我，我看看你，羞红了脸。

身边有特点的人

　　壮壮老师一行这次当起了人才中介，他们要写一封推荐书，为新新梁山推荐人才，才能渡过此关。你们能帮他们想想，怎么才能将推荐书写得让人满意呢？

介绍人，要熟悉

身边的人那么多，父母、亲人、同学、朋友……我介绍谁好呢？

能够写出特点的人，当然是你最熟悉、最了解的人咯。有一些人，会让你觉得他（她）与众不同，比如音乐迷、话痨、小问号、闪电侠、小诸葛……

话痨，那不就是我的同桌吗？他特别特别爱说话。

我的弟弟，总是缠着我问这问那，他就是个小问号。

看样子，你们都有介绍对象的人选。你们从突出的品行、性格，天生的外貌、特长，特殊的兴趣、爱好这些方面去想，就能想到那些很有特点的人了。

一锤定音，特点鲜明

一锤定音第一招：

锁定人物，取个别号

你最熟悉的人是谁？你想到的这个人，是不是也可以送他像这样的一个别号呢？小书虫、幽默王子、热心肠、小问号……

比如，《我要做个好孩子》这个故事中的主角——金铃，作者黄蓓佳就用了一个"自来熟"的别号来表现她的与众不同。

金铃最大的特点是跟谁都能够"自来熟"。男女老幼尊卑贵贱，她一概都能搭得上话、聊得上共同的话题，时不时还把对方逗得哈哈大笑。从她的学校到家，一路上要经过四个小杂货店、三个小吃摊、一个美发厅、一个修自行车摊，还有一个新开张的礼品店。这些店里的老板和伙计，都是金铃的忘年交。

——节选自黄蓓佳《我要做个好孩子》

我也算得上是"自来熟"呀，甭管对象是谁，我都能聊起来，怎么没有人夸奖我是好孩子呢？

本"纪律女侠"来给你敲黑板啦！你确实擅长和人交流，但要分清场合，如果不是在课堂上和同学交头接耳，我也奖你一朵小红花！

一锤定音第二招：

围绕别号，直接介绍

锁定了一个特点鲜明的人，并且在开头便为他拟定了一个别号，接下来就可以用一段话，列举一系列的事情，直接写出这个人与别号相关的特点，发现了吗？《我要做个好孩子》的片段中，作家黄蓓佳就是先为金铃拟定了一个别号"自来熟"，紧接着通过一段话直接展现了她"自来熟"的特点，而下面这段话中，作家秦文君连用了四个"怕"，直接写出了表弟"胆小"的特点。

我的表弟小沙天生胆小，他怕鬼，怕喝中药，怕做噩梦，还怕剃头。

——节选自秦文君《剃头大师》

这种方法叫"铺陈"，就是围绕所选择的特点，从不同角度、不同方面来举例，每个例子不用详细介绍，但都能证明这个特点。

一锤定音第三招：

借事写人，特点鲜明

　　要让你写的人物特点更鲜明，还要有事例来证明。不过，即使这个人就在你身边，你很熟悉，你知道他的很多趣事，我们也不能想到哪件写哪件，要选择与他的别号相关的事例，能凸显他的特点的事例。

　　（有一次）她（金铃）去小吃摊找她的老朋友——一只浑身脏兮兮的虎皮花纹的小黄猫。她**熟门熟路**地穿堂入室，一直钻进店老板的卧室里，从人家的床上把小黄猫抱出来，搂在臂弯里亲热一阵子，拍拍它的脑袋放它走路。要是不认识金铃的人，**准会把她当这家小吃摊的孩子**。

　　　　　　　　　　　　　　——节选自黄蓓佳《我要做个好孩子》

　　从金铃在小吃摊结识小黄猫的事例，我仿佛看到了一位善良、正直的少女站在我身边，让内向的人好羡慕啊！

　　每个人都有自己的优点，遇事冷静就是麦田儿你的优点啊！外向性格是可以迅速拉近彼此的距离，但也要注意安全哦！

"顽童"妈妈

张以墨

　　我的妈妈十足是个"顽童"！

　　再过几天，就是妈妈的"四十大寿"了，可她却一点儿也不像个大人。她穿的衣服总要点缀着一些小动物呀，花边呀，把自己装扮得像个小姑娘；我们爱吃的零食，什么薯片棒棒糖，她统统喜欢。她还总是嘻嘻哈哈的，和我们一起玩游戏。

　　记得有一次，我们一家人坐在沙发上看电视剧《西游记》——盘丝洞里的女妖精露着肚子，一个个肚脐中冒出丝绳，将唐僧缠了有千百层厚——这时，妈妈看了看一旁的爸爸，朝我们招了招手。我们心领神会，马上贴耳过去。爸爸可能预感到"大事不妙"，猫着身子就想溜走。这时，妈妈突然一把抱住了爸爸，大喊着："妹妹们！这长老进了我们的盘丝洞，还能让他溜了不成，快吐出丝来……"我们见状，一个个笑得前仰后合。我抄起拖把杆，一边挥舞，一边大喊："师父，别怕，俺老孙来也……"妈妈赶紧装出很温顺的样子，用妩媚的声音说道："长老，我如此美貌，你就乖乖的，别让你那大徒弟找上门来吧……"那模样活像电视里的女妖精，就连爸爸也笑得直不起腰来了。

　　"顽童"妈妈带给了我们无穷乐趣，我特别爱我的"顽童"妈妈。

我给熊猫画张像

　　大熊猫，世界自然基金会的形象大使，人见人爱，被誉为"活化石"和"中国国宝"。居住在 B-612 星球上的小王子眼馋许久，也想更多地了解大熊猫，他还有不少疑问希望得到解答，所以诚心招募能全方位介绍大熊猫的中国孩子。

信息茫茫，勤奋作舟

> 大熊猫那么可爱，能说的太多了。我要怎么介绍才算说清楚呢？

> 哈！我想起来了，我妈妈给我读过很多有关大熊猫的绘本，什么《快乐的大熊猫》《迷路的小熊猫》等，我可以再找出来读读。

> 我还看过一部动画片呢，叫——哦，对了，《功夫熊猫》。

> 不错，翻阅书籍、借助影视、网络查找都是获取信息的好办法。

披沙沥金，整合信息

披沙沥金第一招：

分类筛选，按需整合

可以参考下面这个图表中的分类，先把资料筛选、整合出来。

对于大熊猫，我们有一些常见的疑问：大熊猫是猫吗？大熊猫只吃竹子吗？大熊猫生活在什么地方？大熊猫为什么被视为中国的国宝？对这些问题，我们可以做一个图表，把自己查找到的资料，分别筛选出来，然后再把相似的内容整合到一起，不需要的信息删去。

名称	大熊猫
类别	哺乳动物
分布地区	四川、陕西和甘肃等地
生活习性	……
发挥作用	……

披沙沥金第二招：

巧妙取材，灵活运用

对信息进行改编，把收集的资料转换成自己的话来介绍。

下面这句话是互联网上搜集到的介绍大熊猫生活习性的信息：

大熊猫主要以竹叶、竹竿、竹笋为食，兼食野果、鸟卵、竹鼠等。听觉、视觉迟钝，嗅觉灵敏，善爬树、游泳。

我们可以这样运用这段资料：

食物为竹叶、竹竿、竹笋		素食主义者
兼食肉类	改编	改善伙食
擅长游泳		打水仗

看看下面这段文字：

我是一个素食主义者。我喜欢吃竹叶、竹竿、竹笋，但有时我也会改变一下口味，去箭竹林里捕捉一些竹鼠来改善伙食。别以为我们大熊猫除了吃就是睡，我们也挺会玩的，我们最爱玩的就是"打水仗"了。

这段文字真的很像熊猫自己描述的，真有趣！

转换人称不仅可以让文章更有趣，还更能将读者带入其中。

披沙沥金第三招：

梳理顺序，有趣表达

　　知道了如何运用收集到的信息，接下来我们就要想一想：要讲清大熊猫与其他动物的不同，我们该重点介绍大熊猫的哪些方面呢？这几个方面又可以按照怎样的顺序来讲呢？我们还可以把自己代入大熊猫做一个自我介绍呢。

　　我是可爱的大熊猫。圆溜溜的眼睛周围有一圈黑毛，像戴着一副墨镜。我全身毛茸茸的，长得虽然有些胖，却很招人喜欢。因为我常把胖胖的身体缩成一团，像个大皮球似的滚来滚去，引人发笑。

　　我可不像馋嘴猫那样吃鱼吃肉，也不像猴子那样专吃鲜美的野果。我喜欢吃竹叶、竹笋，但有时我也会改变一下口味，去箭竹林里捕捉一些竹鼠来改善伙食。

综合披沙沥金三招，你不仅可以介绍大熊猫，还可以介绍任何一种动物呢！不马虎，你还想介绍什么动物呢？

我想介绍的可太多了！眼镜蛇、北极熊、企鹅、鲸鱼……

国宝大熊猫

张勋诚

　　我叫大熊猫，已经在地球上生存了至少800万年，和我在同一时期生活过的动物，大多已灭绝，而我，却一直生存到今天，所以我是当之无愧的"活化石"。

　　我的光辉形象在动物界可是独一无二的。肥壮的身子圆滚滚，好像一只大皮球。你问我，为什么总戴着一副墨镜？没办法，天生一对黑眼圈，这可不是在故意耍酷哟。我唯一的遗憾是，永远披着一身白里镶黑的绒袍，至今还没照过一张彩色照片呢！

　　我可会享受生活了，我常常在平坦的地面上，迈着内八字，扭着迷踪步，悠闲地散步。睡觉时，我会来一个花式树上眠，是不是萌呆了？享用食物时，我爱靠墙而坐，用前爪抓住鲜嫩的竹叶往嘴里送。别看我身材肥胖，总是一副不急不慢的样子，可我却是爬树能手和游泳健将呢！你一准猜不到吧！哈哈……

　　我是世界上最珍贵的动物之一，全球人都宠爱我。我不但被世界自然基金会选为会标，而且常常担任"和平大使"，出访世界各国，是中国和周边友好国家友谊的纽带。

　　可是，你们知道吗？我们大熊猫在地球上已经所剩无几了，请你们一定要好好保护我哟，我愿意把我可爱的模样永远留在人间！

反差故事真有趣

　　壮壮老师一行人来到神奇的反差森林，这里的生物大小与现实世界完全相反。不幸的是，他们被庞大的蚂蚁控制。壮壮老师他们能逃出这里吗？

反差，让故事有趣

帮蚂蚁找工作，那我可要全面介绍一下它了：它身体小小，喜欢成群结队……

蚂蚁是要去找工作，但你要按现在的反差来介绍它，还要介绍得有趣才行！

没错，要让故事有趣，关键在于"反差"二字。反差，就是原先大的变成小的了，小的变成大的，事物特点都反过来了。

你看，蚂蚁本来是小的，现在变得比我们还要大，而大象原来很大，现在却很小。

蚂蚁变大后，有什么特征也放大了呢？让我想一想。

月移花影，写好反差

月移花影第一招：

选定反差主角

　　要想把故事编得有趣，首先要为故事选定一个有反差特点的主角，如"飞上天的母鸡""快蜗牛""胆小的老虎"等，除了情景图中的动物，还可选择其他有反差特点的事物做主角。

　　这一天，蜗牛一觉醒来，发现自己竟能健步如飞，几分钟就从山脚攀登到山顶。站在山顶，蜗牛不敢置信，盯着自己的脚看，发现它闪着蓝莹莹的光芒，就像装上了发动机一样。几分钟之后，他又跑到山脚下，这才相信自己真的成了一只"快蜗牛"。

月移花影第二招：

让主角有事做

选定了有反差特点的主角，可以给主角安排一件与特点相关的事情。比如"快蜗牛"可以当快递员，"巨型蚂蚁"可以开搬家公司等。这些与主角反差特点相关的事件，来源于生活，三分实，七分虚，十分有趣。

大个子老鼠吃得很不小心，"嗞"的一声，西红柿像水枪一样射出汁水，小个子猫的裙子上就多了红红的一摊。

小个子猫叫起来："你看！你看！"

大个子老鼠看了看："挺好看的嘛，像一朵花。"

"哪里像花？"小个子猫不同意，"你见哪个女生的裙子上只有一朵花。"

"这好办。"大个子老鼠就用西红柿水枪在小个子猫的裙子上又"滋"了几下。

小个子猫从来没穿过这样的花裙子，她受不了，就哭了起来："呜呜呜，我恨死你了，人家肯定要笑我了。"

——节选自周锐《大个子老鼠小个子猫》

大个子老鼠，小个子猫，同样异于刻板印象的两个角色，也可以突破天敌的本能认知，成为朋友。

月移花影第三招：

主角配角互动

　　主角有了与特点相关的事情做，还可以在文中添加配角，设置主角与配角的互动，通过对话描写，用拟声词模拟情境，设置一些困难与波折，让故事情节有起伏，故事更吸引人。

　　蜗牛小快开了一家快递公司。

　　顾客上门了，是一只小鸡，要寄一份文件给山那边的妈妈。

　　小鸡看到小快把文件装进快递信封里，问："天黑之前能送到吗？"

　　"没问题！"小快拍拍胸脯，"午饭前就能给你送到。"

　　"真的吗？"小鸡不太相信，要知道，蜗牛以前可是很慢很慢的。

　　"放心吧！要知道，我的外号是'赛戴宗'啊！"小快说完，"嗖——"地跑了。

　　才过了一会儿，小鸡接到妈妈的电话，说文件已经收到了。

　　小鸡听了，感觉蜗牛小快真不愧是"赛戴宗"啊。

走过路过不要错过，你见过"赛戴宗"的蜗牛吗？你见过蜗牛开的快递公司吗？送信、快递哪家强？作文魔法界找我——蜗牛小快的代理商！

"花花"号旅游客机

陈政博

有一天，母鸡花花发现自己会飞啦！

她想，既然我会飞，何不开一家空中旅行公司呢？也为那些上不了天的动物做点好事。说干就干，她做了一个十分精致的机舱，里面有桌子、椅子、行李架，还备好了饮料食品，应有尽有。

就这样，"花花"号旅游客机就正式运营了。

花花载着蜗牛、小鸭子、蚂蚁飞上了天。起初，他们看到地下的房子啊，树啊，越来越小，都兴奋地叫好。花花也高兴得越飞越高，一直飞到白云里，棉花般的云朵真好看。

突然，小鸭子开始叫唤："啊——我的耳朵好痛呀！"

蜗牛也叫嚷："我的头好晕啊！"

小蚂蚁不作声，因为他已经晕得说不出话了。

花花不知道怎么办，只好打110报警求助。空中警察喜鹊告诉她："他们是晕机了！你飞平稳一点，慢慢降落，就好了。"

花花照着做，落到了地面上，打开机舱门，扶着他们走下来，难过地说："对不起，我不知道你们会晕机。"

大家都说："没关系，你带我们飞上天见了大世面呢！以后飞低一点就好了。"

后来，"花花"号旅游客机依旧运行，但它只飞行在半空中。

图书在版编目（CIP）数据

太好玩了！我们的写作课. 来到创意世界 / 何捷主
编；殷霞，张红萍著. -- 北京：中国致公出版社，
2022

ISBN 978-7-5145-1921-1

Ⅰ. ①太… Ⅱ. ①何… ②殷… ③张… Ⅲ. ①作文课
－小学－教学参考资料 Ⅳ. ①G624.243

中国版本图书馆CIP数据核字(2022)第055627号

太好玩了！我们的写作课. 来到创意世界 / 何捷 主编；殷霞，张红萍 著
TAI HAOWAN LE! WOMEN DE XIEZUO KE. LAIDAO CHUANGYI SHIJIE

出　　版	中国致公出版社	
	（北京市朝阳区八里庄西里100号住邦2000大厦1号楼西区21层）	
出　　品	湖北知音动漫有限公司	
	（武汉市东湖路179号）	
发　　行	中国致公出版社（010-66121708）	
作品企划	知音动漫·文艺坊	
责任编辑	胡梦怡	
责任校对	吕冬钰	
装帧设计	郑雨薇	
责任印制	程　磊	
印　　刷	武汉精一佳印刷有限公司	
版　　次	2022年8月第1版	
印　　次	2022年8月第1次印刷	
开　　本	710 mm×1000 mm　1/16	
印　　张	8.25	
字　　数	100千字	
书　　号	ISBN 978-7-5145-1921-1	
定　　价	36.00元	